Let's Learn German!

German Learning for Kids

Speedy Publishing LLC
40 E. Main St. #1156
Newark, DE 19711
www.speedypublishing.com

Hallo!
Do you want to learn some German words?

Read on and learn some German!

ich

I

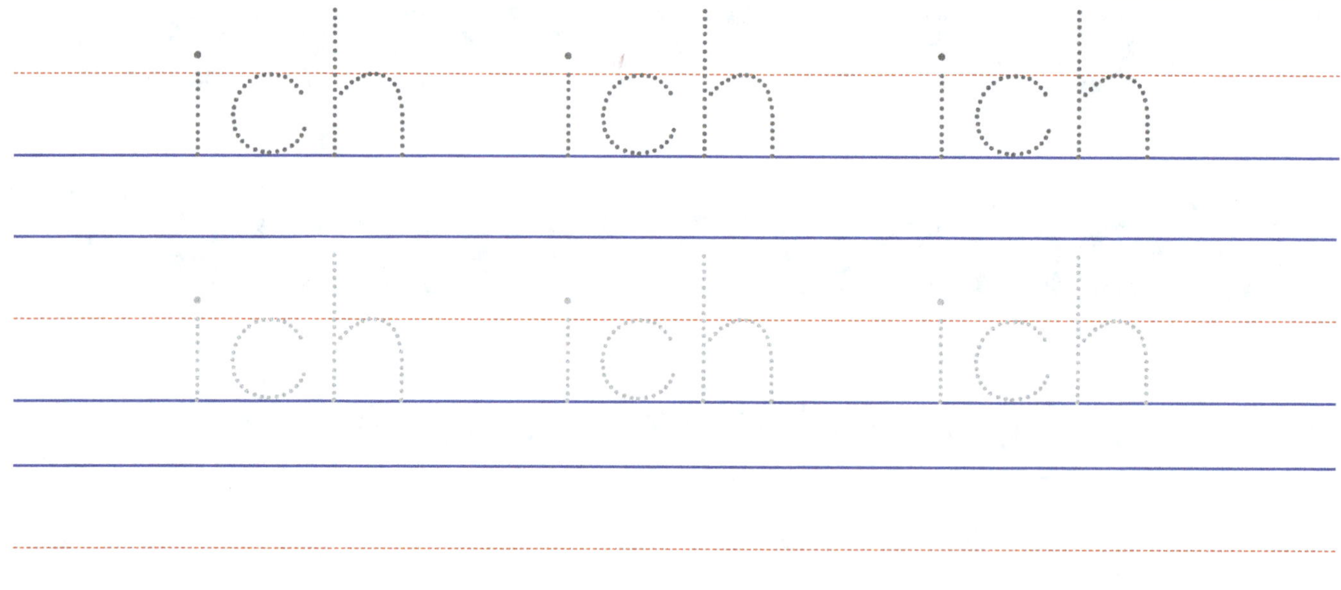

sie

they

sie sie sie

sie sie sie

das

the

das das das

das das das

ist

is

du

you

du du du

du du du

Review Exercise # 1

Match the German word to its corresponding English translation

sie •	• I
ist •	• they
du •	• the
das •	• is
ich •	• you

nicht

not

nicht nicht nicht

nicht nicht nicht

die

the

die die die

die die die

und

and

und und und

und und und

es

it

es es es

es es es

der

of the

der der der

der der der

Review Exercise # 2

Match the German word to its corresponding English translation

die •	• not
es •	• the
der •	• and
und •	• it
nicht •	• of the

was

what

was was was

was was was

wir

we

er

he

er er er

er er er

zu

to

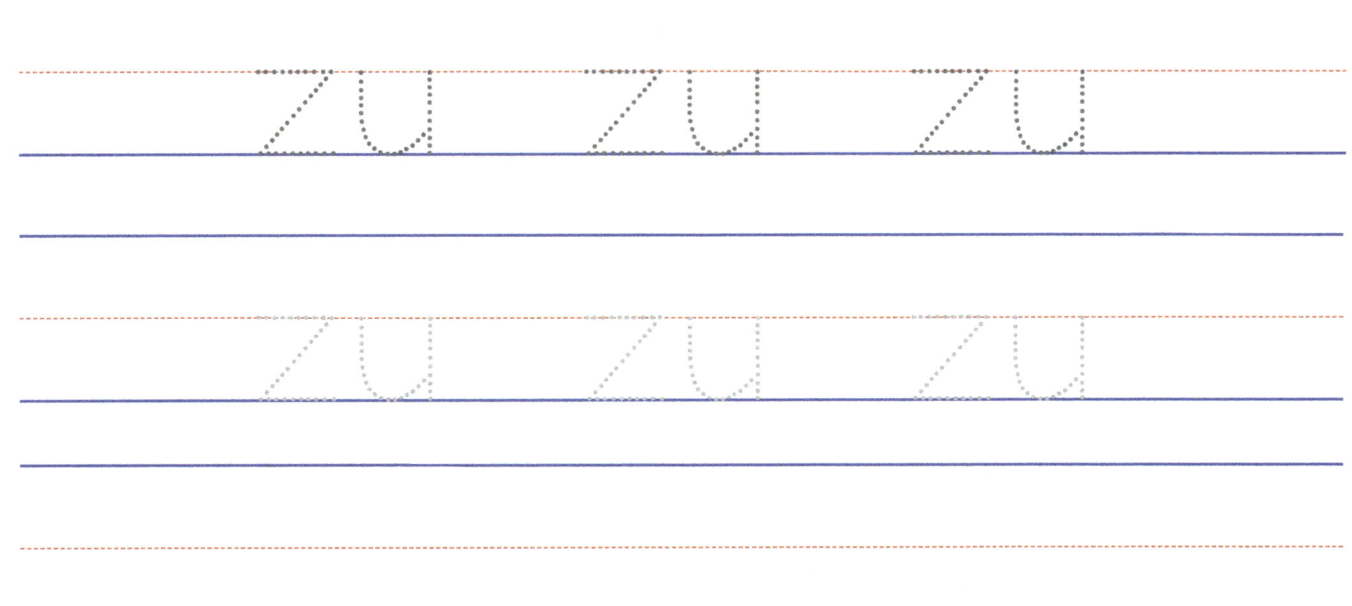

ein

on

ein ein ein

ein ein ein

Review Exercise # 3

Match the German word to its corresponding English translation

wir •	• what
zu •	• we
was •	• he
er •	• to
ein •	• on

in

in

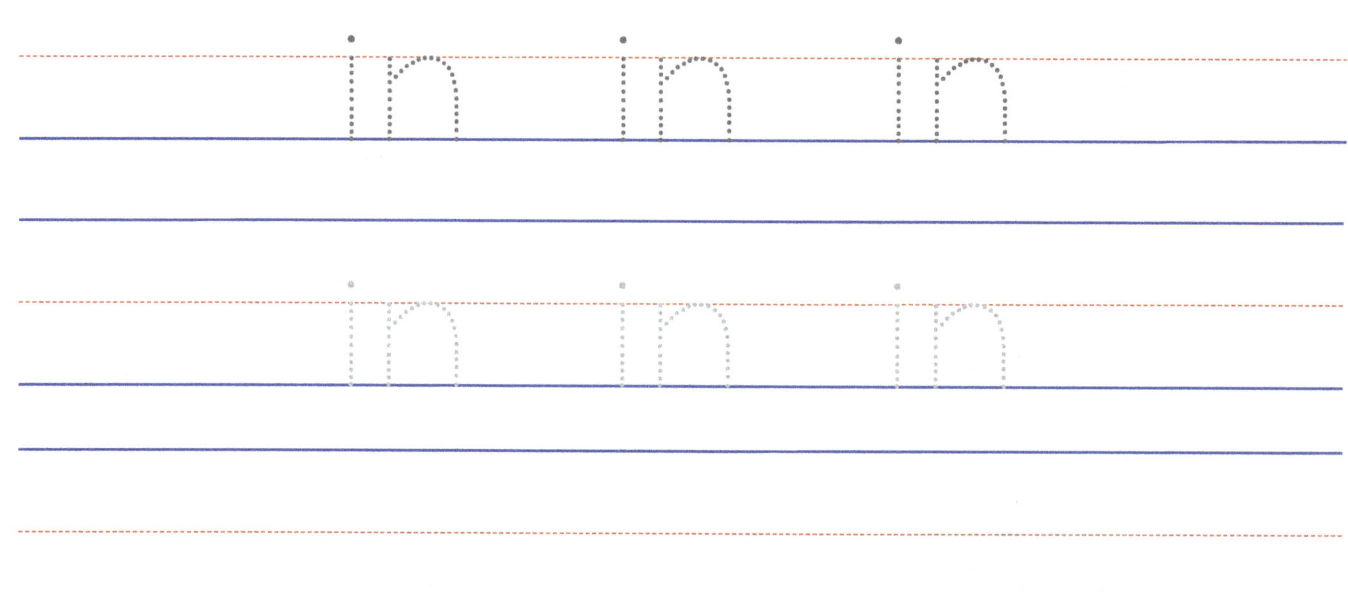

mit

with

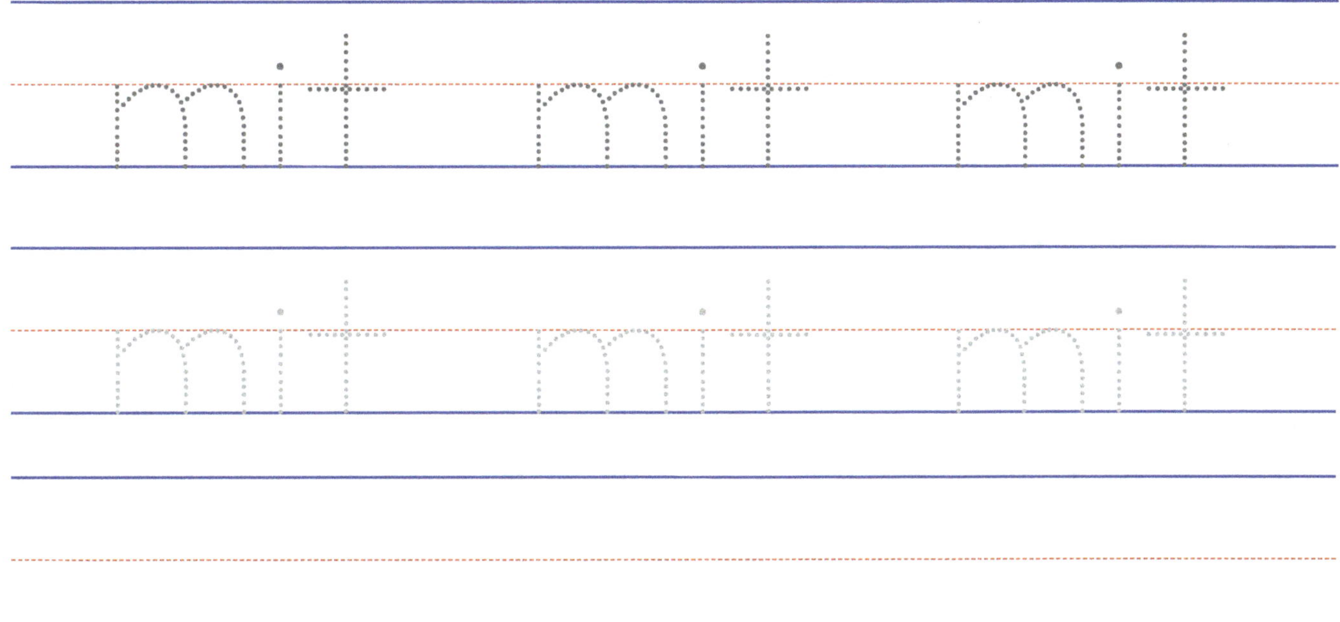

mir

me

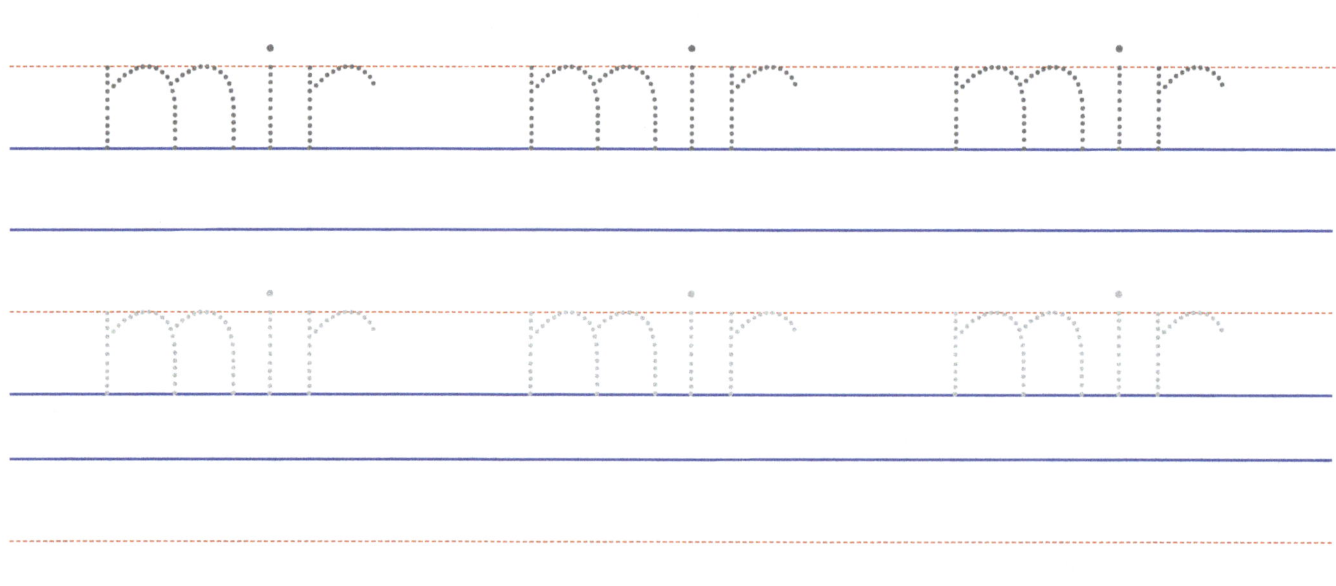

den

the

den den den

den den den

wie

as

wie wie wie

wie wie wie

Review Exercise # 4

Match the German word to its corresponding English translation

mit •	• in
den •	• with
in •	• me
mir •	• the
wie •	• as

ja

yes

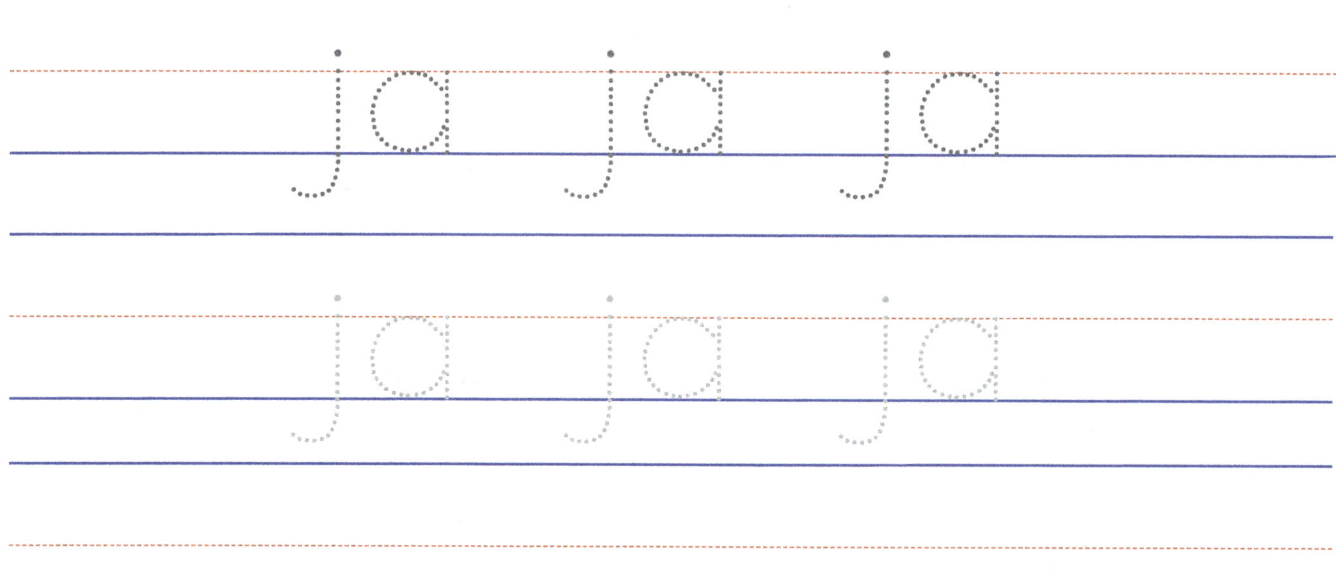

auf

on

auf auf auf

auf auf auf

mich

me

mich mich mich

mich mich mich

so

so

so so so

so so so

eine

a

eine eine eine

eine eine eine

Review Exercise # 5

Match the German word to its corresponding English translation

auf •	• yes
so •	• on
ja •	• me
mich •	• so
eine •	• a

aber

but

aber aber aber

aber aber aber

hier

here

hier hier hier

hier hier hier

sind

are

sind sind sind

sind sind sind

für

for

von

from

von von von

von von von

Review Exercise # 6

Match the German word to its corresponding English translation

von •	• but
für •	• here
sind •	• are
hier •	• For
aber •	• from

Visit
BABY PROFESSOR
EDUCATION KIDS
www.BabyProfessorBooks.com
to download Free Baby Professor eBooks
and view our catalog of new and exciting
Children's Books

www.ingramcontent.com/pod-product-compliance
Lightning Source LLC
LaVergne TN
LVHW060831170826
845678LV00010B/1954

* 9 7 9 8 8 6 9 4 4 4 2 2 6 *